IMPRESSUM

Trinkgeld unter Beschuss – Steuer mich zart, ich bin ein Dankeschön
Ein satirisches Werk über Würde, Wahnsinn und das Winken mit Kleingeld.

© 2025 Tatjana Nicht

Alle Rechte vorbehalten.
Keine Steuerberatung, aber vielleicht eine Denkberatung.

Konzept & Text: Tatjana Nicht
Illustration: Tatjana Nicht & KI
Kontakt: Instagram @nichttatjana

Weitere Mitwirkende:
Dank an alle Servicekräfte, die mich inspiriert haben – direkt, unfreiwillig oder durch
das, was nicht gesagt wurde.

Bibliografische Information der Deutschen Nationalbibliothek:
Die Deutsche Nationalbibliothek verzeichnet diese Publikation in der Deutschen
Nationalbibliografie; detaillierte bibliografische Daten sind im Internet unter
dnb.dnb.de abrufbar.

Text and Data Mining-Hinweis gemäß §44b UrhG:
Die automatisierte Analyse des Werkes, um daraus Informationen insbesondere über
Muster, Trends und Korrelationen gemäß §44b UrhG („Text and Data Mining") zu
gewinnen, ist untersagt.

Verlag:
BoD · Books on Demand GmbH,
Überseering 33, 22297 Hamburg,
bod@bod.de

Druck:
Libri Plureos GmbH
Friedensallee 273, 22763 Hamburg

ISBN: 978-3-7693-3971-0

WIDMUNG

Trinkgeld, du gottverdammte Diva.

Für das Trinkgeld,
das kam,
obwohl niemand zuschaute.
Für das Lächeln,
das blieb,
auch wenn der Tag schrie.

Für die Zwei-Euro-Diva
im Abendkleid aus Schweigen.
Für alle,
die den Applaus in Münzen zählen müssen –
und trotzdem Haltung zeigen.

Für das Personal,
das nicht als „Personal" geboren wurde.
Für Rechnungen,
die nie das zeigen,
was wirklich geleistet wurde.

Für die Hände,
die bedienen,
ohne bedient zu werden.
Für die,
die wissen:
Würde passt in kein Kassensystem.

Und für die Hoffnung,
dass man eines Tages
kein Trinkgeld mehr braucht,
um gesehen zu werden.

INHALTSVERZEICHNIS

VORWORT

Dieses Buch ist ein Protest.
In A5.

Manchmal schreibt man ein Buch nicht, weil alle darüber reden –
sondern weil alle schweigen. Man schreibt kein Buch über Trinkgeld, weil einem
langweilig ist. Man schreibt es, weil einem der Kragen platzt – ganz elegant natürlich,
mit Serviette und Stil.

Dieses Buch ist nicht aus Laune entstanden, sondern aus Wut. Dieses Buch ist kein
literarisches Experiment. Es ist ein Notruf mit Schmäh.

Ich hätte ja nichts gesagt. Ehrlich. Ich wollte einfach nur arbeiten, Menschen bewirten,
Kaffee servieren und dabei ein bisschen Menschlichkeit retten.
Aber dann kamen plötzlich Paragraphen, Prüfer, Pauschalen – und das verdächtige
Gefühl, dass ein ehrlich verdientes Danke plötzlich als Steuertrick durchgeht.

Ich schreibe nicht, weil ich eine Meinung habe. Sondern weil so viele keine äußern
dürfen – oder sich nicht mehr trauen. Weil eine kleine Geste der Wertschätzung
plötzlich zur Grauzone wird. Weil ein „Danke" auf dem Bon fehlt, aber in der Kontrolle
zählt. Weil Menschlichkeit hierzulande ein Verwaltungsakt geworden ist.

Ich schreibe, weil ich es satt habe, dass man uns freundlich ans System verfüttert und
dabei noch lächeln soll. Weil alle schweigen. Weil niemand die Wirtschaftskammer
fragt, warum sie sich bei der Hitze im Schatten ausruht. Und weil man irgendwann
merkt: Wenn man weiter nur wartet, wird irgendwann das Trinkgeld verboten – aus
Effizienzgründen.

Dies ist kein Sachbuch. Es ist eine Bedienungsanleitung für eine Realität, die so
absurd ist, dass man sie kaum glauben würde – hätte man sie nicht selbst serviert
bekommen. Mit Beleg.

Für alle, die wissen, wie ein Arbeitstag schmeckt. Und wie ein Beamtenbesuch
nachklingt.

Mit Schmäh. Mit Stil. Und mit sehr viel Herz für alle, die arbeiten, damit andere
genießen können.

NICHT Tatjana

Einleitung

Zwischen Euro und Ironie
Warum dieses Thema so ernst ist, dass man fast lachen muss

Trinkgeld – dieses unschuldige Münzenklirren am Ende eines Besuchs im Café, dieses diskrete Händeschütteln mit Schein in der Faust, dieses „Passen s' auf sich auf!" mit geldlichem Unterton – wird nun zum Problemfall. Nicht für Gäste. Nicht für Kellner. Nicht für Friseure, Taxler, Pizzalieferanten oder die Dame mit dem feuchten Wischtuch im Beisl-WC.

Sondern: für den Staat.

Denn irgendwo in einem Amt, wahrscheinlich zwischen zwei Paragraphen eingeklemmt und von Excel-Tabellen umzingelt, kam man auf die Idee:
Was, wenn wir das Trinkgeld... naja... verbeitragen, versteuern, verwalten?
Vielleicht gleich mit GPS-Ortung und Echtzeitübertragung an die ÖGK?

Aus dem **„Dankeschön"** soll ein Beleg werden.
Aus dem **„Schau, des host da verdient"**, ein steuerpflichtiger Akt.

Und aus dem Trinkgeld – eine Prüfungsmasse.

Dieses Buch ist kein Gesetzestext. Es ist ein Aufschrei. Ein Spiegel. Ein schmunzelnder, aber wütender Versuch, zu retten, was längst Teil unseres kollektiven Humors, unserer Kultur und unserer ökonomischen Realität ist.

Wir erzählen Geschichten. Wir liefern Zahlen. Wir geben dem Unsinn ein Gesicht.

Und wir fragen uns:
Was bleibt von einem Land, das seine herzlichsten Gesten ins Kassabuch zwingt?

Ein Land, das dem Kellner das Lächeln verbeitragt, aber bei Milliardenlöchern in Konzernen höflich wegschaut, hat seine Schwerpunkte wohl verrutscht.
Also gut. Jetzt reicht's.

Dies ist ein Buch über eine kleine Geste mit großer Wirkung.
Und über einen großen Unsinn, der gerade dabei ist, sich in unsere Realität zu schleichen.

Denn wenn das Trinkgeld fällt, fällt mehr als ein Euro auf den Boden.

KAPITEL 1

Die Geschichte des Trinkgelds in Österreich – oder wie wir unsere Geste immer mehr verbeitragen.

Ah, das Trinkgeld.

Diese kleine, glänzende Münze, die vom Gast als „Dankeschön" über den Tisch gleitet, als würde sie das Gesellen-Ehrenabzeichen für besonders charmante Bedienung überreichen. Wer hätte gedacht, dass diese Geste der Freundlichkeit bald unter die Lupe der Finanzämter und Sozialversicherungsträger kommt?

Das Trinkgeld hat eine lange Tradition – und diese Tradition ist so vielfältig wie die Wienerlied-Interpretationen von Andreas Gabalier. Ursprünglich war es ein Zeichen der Anerkennung, vielleicht auch der Fürsorge. Sozusagen die sozialen Almosen des kleinbürgerlichen Lebens, als man noch um ein Trinkgeld bat, das der Hand des „Ober" einen kleinen Glanz verlieh.

Mittelalter – Die Zeit, als „Trinkgeld" noch „Handgeld" hieß und der Kellner der König war.

Wir schreiben das Mittelalter – die feudalistische Ära, als das Leben noch hart war und man sich nicht nur über das Essen, sondern auch über das Trinkgeld definierte. Das sogenannte „Handgeld" war der Vorläufer des heutigen Trinkgelds – eine symbolische, meist bargeldlose Geste der Dankbarkeit. Man gab dem Diener etwas mehr, um ihm zu zeigen, dass man über die „Gaben des Herrn" durchaus auch etwas Gutes in den Händen halten kann.

Ja, das war die gute alte Zeit: Der Gast zahlte, der Kellner bekam einen Handkuss und ein „Fünferl" extra – natürlich unter der Hand, damit es niemand mitbekommt.

Die Erfindung der Höflichkeit – Und warum der Kellner plötzlich zu einem Schatzmeister wurde.

Im 19. Jahrhundert wurde das Trinkgeld zur Kunstform: Der Gast konnte jetzt, statt ein einfaches „Danke" zu sagen, seinen Kellner – oder „Ober", wie wir hier in Wien sagen – mit einem prächtigen Fünf- bis Zehnschillingstück belohnen. Damit war das Trinkgeld der Durchbruch. Niemand brauchte mehr das Versprechen des „guten Dienstehabens" – es wurde mit Münzen in der Hand und einem Nicken des Kellners vergütet.

In dieser Zeit begann der Kellner, als unangefochtener König der Bezahlung anzutreten. Und natürlich wuchs auch das Einkommen. Von der einstigen Dienstbotenhaltung zum Stand der etablierten Wertschätzung – der „Ober" wurde zur Quelle von Lob, Schmeichelei und auch so manchen Zehnern.

Der Österreichische „Schmäh" – Trinkgeld als Kulturelles Meisterwerk.

Die Wiener Gastronomie entwickelte sich zu einer Hochburg der Trinkgeldkunst, in der das Wort „Schmäh" mehr war als ein Stilmittel: Es war die Eintrittskarte in die Welt des Trinkgeldes. Man gab nicht nur einen Euro für den Kaffee – man gab eine „Anerkennung für die persönliche Ansprache".

Der Kellner verstand es, mit einem Wort mehr als einen Betrag zu vermitteln. Doch das System war so charmant, dass es fast als Tradition durchging. Das Lächeln des Oberkellners war dann „der Wert", der am Ende des Abends bezahlt wurde. Sogar die Rechnung wurde in den 60er Jahren noch mit einem verschmitzten Blick und einem verschämten Lächeln überreicht, bevor der Gast die „Erhebung der Qualität" in bar auf den Tisch legen durfte.

Die Krise der 90er Jahre und der staatliche Griff nach dem Trinkgeld

In den 90er Jahren, als der Sozialstaat begann, sein Augenmerk immer mehr auf den „Schwarzen Markt" zu legen, entdeckte man das Trinkgeld als potenzielle Einnahmequelle. Hatte der Kellner nicht auch einen Steuerbescheid? Wieso sollte er es dann nicht auch versteuern? Und schwupp – das Trinkgeld landete auf dem Prüfstand. Doch die „Hoffnung" auf mehr Transparenz, mehr Klarheit und Steuererhebung brachte wenig. Die Realität war eher von Bürokratie geprägt als von klaren Regeln. Betriebe sahen sich plötzlich in der Rolle des „Steuereintreibers" für einen Betrag, der aus dem „Danke" eines Gastes entstand.

Heute – Das digitale Trinkgeld und warum niemand mehr weiß, ob er es überhaupt noch geben darf.

Mit dem Einzug der digitalen Zahlungen hat das Trinkgeld eine neue Dimension erreicht. War es früher noch eine Geste, die die zwischenmenschliche Beziehung zum Gast pflegte, ist es heute teilweise ein knöpfchen-drückender Akt auf einem Tablet – ganz ohne Gefühl, nur noch ein finaler Klick im Menü. Wo bleibt der persönliche Kontakt? Die zwischenmenschliche Anerkennung? Und was ist mit den steuerlichen Bestimmungen, die einen so richtig aus dem Lächeln rausholen?

BÜROKRATIE
eine lange Geschichte

Das Trinkgeld – Von einer Geste zu einem Bürokratie-Dinosaurier.

Was also bleibt von der Geste? Früher war es ein Symbol des Dankes, eine Aufwertung der Beziehung zwischen dem Gast und dem Kellner. Heute ist es mehr ein Glücksspiel. Spielt man nach den Regeln der Steuerbehörden oder riskiert man die Entfremdung von einer gesellschaftlichen Tradition?

KAPITEL 2

Wie Trinkgeld in Betrieben funktioniert – oder Wie aus einer netten Geste ein bürokratisches Drama wird

Von der Geldbörse zur Steuererklärung

Lange war das Trinkgeld ein unbeschriebenes Blatt – zumindest im Bürokratenhandbuch. Man gab es, man nahm es, und alle waren glücklich. Doch dann kamen die Formulare, dann kam die Bürokratie, dann kam das Finanzamt. Jetzt muss jeder Schein erklärt werden, als wäre er Teil einer Großinvestition, die den Markt revolutioniert. Wo früher der Dank des Gastes war, steht jetzt eine zeitraubende Erfassung. Was geschah mit der Geste des „Dankes"? Sie wurde in Excel-Spalten verwandelt.

Die erste Begegnung mit der Steuerbehörde – Ein Schritt in die Zukunft der Bürokratie

„Guten Tag, ich bin Ihr Finanzprüfer und heute werden wir Ihr Trinkgeld unter die Lupe nehmen", sagt der Prüfer mit einem Lächeln, das man lieber als „Angstlachen" bezeichnen würde. Die Szene könnte direkt aus einem Kabarettprogramm stammen, aber leider ist es der Ernst des Lebens. Früher gab es klare Verhältnisse: Trinkgeld war „freiwillig" und „unschuldig". Heute ist es das neue finanzielle Prüfungsobjekt.

Die Steuerbehörde scheint sich für jede Münze zu interessieren, die mehr als einen Euro beträgt – als hätte der Gast heimlich Aktiengeschäfte gemacht und das Trinkgeld sei der versteckte Gewinn.

Der Betrieb als Bürokraten-Märchen – Vom Wirt zum Steuerberater

Früher war der Wirt der Herrscher über seine Tische, heute ist er der Herrscher über seine Buchhaltung. Jeder Euro Trinkgeld muss dokumentiert, erfasst und den richtigen Abteilungen zugeführt werden. War der Kellner heute besonders charmant? Hatte der Gast ein besonders nettes Lächeln? Egal. Der Betrag muss genau stimmen. Der Wirt hat keine Zeit für Charme, er braucht Zahlen.

Das Ergebnis? Das Trinkgeld wird zur administrativen Aufgabe. Die Frage, ob der Gast zufrieden war, wird von Excel-Tabellen überlagert, und der Wirt muss zu jedem Euro, den er aus dem Service kassiert, eine detaillierte Erklärung abgeben. Bei einem Bierwagen auf einem Volksfest könnte das bald die selbe Menge an Formularen erfordern wie bei einem internationalen Geschäftstransfer.

Die Kontrolle als Neuer Trend – Und warum die Kontrolleure keine Zinsen zahlen

Die Kontrolle von Trinkgeld bedeutet nicht nur eine Menge Papierkram. Es bedeutet auch, dass der Betrieb mehr Zeit mit der Verwaltung von Trinkgeldern verbringen muss als mit dem, wofür er eigentlich bekannt ist: Gastfreundschaft. Der charmante Ober ist jetzt „Trinkgeld-Berichterstatter" und stellt sicher, dass jede noch so kleine Summe den richtigen rechtlichen Rahmen bekommt. Man könnte meinen, er sei jetzt für die Ausgabe von Steuerbescheiden zuständig.

Die Praxis: Jeder Euro Trinkgeld wird zu einer Frage der rechtlichen Deutungshoheit. Der Wirt steht da wie ein Manager eines Steuerparadieses und fragt sich: „Wie viel Trinkgeld darf ich eigentlich noch freiwillig annehmen, ohne dafür ins Bürokraten-Netz zu geraten?"

Mehr Papierkram als Komödienstoff

Ein Gast sagt „Danke" – und plötzlich rollt der ganze Verwaltungszirkus an. Die Kellnerin freut sich, der Chef rechnet, der Drucker raucht, und der Beamte zückt schon den Nachzahlungsstempel wie Clint Eastwood im Steuerwesten. Zwischen Kassa, Kaffeefleck und Kontrollwahnsinn zeigt sich: In Österreich musst du aufpassen, wie du Danke sagst. Am besten gar nicht.

Der Gast als „Mit-Schuldiger" – Ist das Trinkgeld jetzt auch seine Verantwortung?

Einst war das Trinkgeld einfach nur eine nette Geste. Heute wird der Gast selbst zu einem potenziellen „Steuersünder", wenn er die falsche Münze in die Hand drückt. Wer hätte gedacht, dass der genussvolle Akt des Dankeschöns plötzlich zu einer steuerrechtlichen Grauzone wird? Wirst du für dein Trinkgeld zur Steuerabgabe verdonnert? „Ganz ehrlich, ich wollte ihm einfach nur danken", denkt sich der Gast, aber der Steuerprüfer hat für solche Gedanken keinen Platz.

Lösungen mit Humor – Oder warum wir ein Trinkgeld-Komplott brauchen

Was tun, wenn die Steuerfalle zuschlägt? Vielleicht sollten wir das ganze System einfach auf den Kopf stellen und aus der Steuererklärung eine Party machen. Der Gast würde dann nicht nur für seine Rechnung einen Beleg bekommen, sondern auch für das Trinkgeld.
Der Wirt könnte ein kleines Dankeschön in Form einer Quittung ausstellen – inklusive einem „Herzlichen Dank für Ihr Trinkgeld, hier ist Ihre Steuererklärung!"

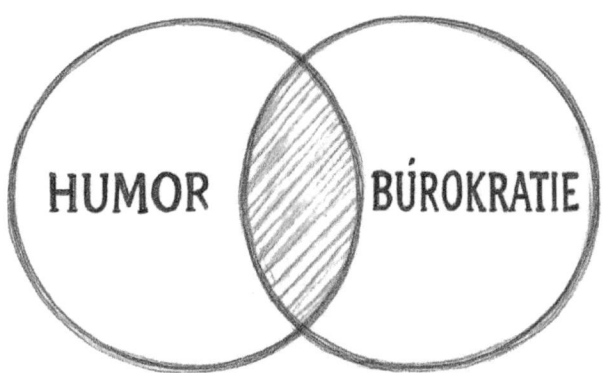

Ein bisschen Humor, ein bisschen Bürokratie, und schon hätten wir das perfekte System. Und der „Kellner" könnte sich wieder auf das konzentrieren, was er wirklich liebt: gute Gespräche und das charmante Einkassieren.

KAPITEL 3

Die Rolle der ÖGK – Kontrolle ohne Gesetz?

Die ÖGK – Der neue Stern am Himmel der Bürokratie

Seit jeher war die ÖGK ein wenig wie der hintere Teil des Staates, der in den Schatten schlüpfte, wenn man ihn brauchte, aber nie wirklich im Rampenlicht stand. Doch dann kam das Trinkgeld. Der Stern der Bürokratie wurde in den Himmel geschleudert und die ÖGK trat aus der Dunkelheit in das grelle Licht der Bürokratenwelt. Jetzt geht es um mehr als die Krankenkasse. Es geht um Kontrolle. Und ja, um sehr viele Formulare.

„Trinkgeld kontrollieren", klingt zunächst wie der Beginn einer schlechten Komödie. Aber die ÖGK hat es tatsächlich geschafft, diesem scheinbar harmlosen Thema einen bürokratischen Dreh zu verpassen. Die Frage, die sich stellt: „Warum jetzt, warum hier und warum in aller Ernsthaftigkeit?"

Die ÖGK, die das Trinkgeld entdeckt hat wie Kolumbus Amerika – unbeabsichtigt, aber mit Nachdruck.

Die Entstehung der Bürokraten-Heldin

Man könnte die ÖGK als Bürokraten-Heldin betrachten, die die Welt der freiwilligen Zahlungen auf den Kopf stellt. Wie aus dem Nichts tauchte sie auf und erklärte, dass Trinkgeld jetzt kontrolliert werden müsse. Ein Zufall? Wohl eher nicht. Vielleicht hatte sie einfach ein besonders gutes Auge für ein neues Schlupfloch in der Steuerpolitik entdeckt. Man weiß ja nie. Womit hat der Staat sonst noch so viel Spaß?

Die Bürokratie hat schon immer nach neuen Wegen gesucht, um den „schwarzen Markt" zu bekämpfen, aber das Trinkgeld als „Schwellenwert" für Kontrolle zu verwenden, ist wirklich eine neue Dimension. Dank der ÖGK müssen Gastronomen nun für jedes noch so kleine Trinkgeld eine Rechnung erstellen und dem Staat eine Spende in Form von Verwaltungsarbeit liefern.

Warum die ÖGK das Trinkgeld braucht – und warum der Gast die Zeche zahlt

Die ÖGK hat es endlich verstanden: Wer Trinkgeld gibt, will dafür offensichtlich auch etwas zurück – nämlich, dass der Staat weiß, wie viel Trinkgeld in welchem Café oder bei welchem Taxi liegt. Klar, die Mitarbeiter sollen ja auch endlich von den großartigen Abgaben profitieren. Doch was macht man mit einem Trinkgeldbetrag von 1,50 Euro?

Die ÖGK ist bereits dabei, ihre Antwort auf diese Frage zu formulieren – mehr Bürokratie! Anstatt den Mitarbeiter zu belohnen, wird er zur „Erfassungsstelle" für das Trinkgeld. Und was bekommt der Wirt für seine Mühen? Formulare, Zahlen und das Gefühl, dass man als Steuerzombie noch nie so viel Papier gebraucht hat.

Die Behörden als Biergarten-Kritiker

Und was ist mit den Steuerprüfern der ÖGK? Die sind wie die ultimativen Biergarten-Kritiker, die bei jedem Besuch auf der Suche nach dem perfekten Filetstück des Steuersystems sind – nur, dass es diesmal nicht um die Getränke geht, sondern um das Trinkgeld. Jeder Cent muss gerechtfertigt und geprüft werden. Wer trinkt schon gerne unkontrolliertes Bier, wenn es stattdessen auch amtlich zertifiziert sein kann?

Natürlich, die Kontrolle könnte auch viel weniger nervig sein, wenn man sie auf wichtigere Dinge wie Steuerflucht, große Betrügereien oder das unglaubliche Vermögen der Konzernchefs anwenden würde. Aber das wäre ja zu viel verlangt. Warum sich mit den großen Jungs anlegen, wenn man es auch mit dem „netten Ober" im Café machen kann?

Die Rechnung mit dem „Fürstlichen Anteil" – Was kommt dabei raus?

Das, was am Ende der Rechnung steht, ist meist immer dasselbe: Der Gast muss bezahlen – aber diesmal mehr als erwartet. Der „Fürstliche Anteil" des Trinkgelds, das nun offiziell nachverfolgt wird, trägt zur administrativen Aufstockung der Steuern bei. Für den Kellner gibt es den „Fürstenlohn" aus der Sozialversicherung und der Wirt darf sich auf „Papierwohlstand" freuen.

Womit kommen wir am Ende raus? Mehr Verwaltungskosten, mehr Dokumentation und mehr Papierschreddern für das „Teegeld" im Nachhinein.

Lösungsansätze – Vielleicht ein Bürokraten-Biergarten?

Man könnte die Lösung des Problems mit einem neuen Konzept angehen – den Bürokraten-Biergarten. Stellen wir uns vor: Die Gäste kommen, genießen ihren Drink und die ÖGK verteilt ganz offiziell Belege über die Entwertung des Trinkgelds. Die Bürokraten sitzen beim Bier und stellen sicher, dass das Trinkgeld in jedem Lokal im gesamten Land streng überwacht wird.

Vielleicht könnten wir die ÖGK zu einem neuen kulturellen Phänomen erheben: den Bürokraten-Haferflocken. Nein, Spaß beiseite. Statt Trinkgeld zu kontrollieren, könnte der Staat sich überlegen, wie er die Bereitstellung von Finanzmitteln für soziale Programme sinnvoller einsetzen kann.

ÖGK als die „Wächter des Trinkgeldes"

Das Trinkgeld – früher eine Geste der Freundlichkeit, des Wohlwollens und der Wertschätzung – ist heute das Zentrum einer bürokratischen Neuordnung. Die ÖGK hat sich als Wächter dieser kleinen Zahlungen etabliert und erlegt den Gastronomiebetrieben eine Verantwortung auf, die fast so gut kontrollierbar wäre wie eine Fußball-WM-Veranstaltung im deutschen Bürokratiestil.

Das Resultat? Ein ständiger Tanz zwischen „Danke" und „Warten Sie, ich muss noch den Antrag ausfüllen".

KAPITEL 4

Die betroffenen Branchen und Berufe – oder wie die Bürokratie das Gastgewerbe plattmacht

Wenn das Trinkgeld zur administrativen Massenware wird

Die Gastrobranche – der Puls von Österreichs Herz und Magen. Hier, in den gemütlichen Beisln, den urigen Kaffeehäusern und den stylischen Restaurants, wurde das Trinkgeld einst als ein Zeichen der Anerkennung zwischen Gast und Kellner verstanden. Doch leider hat das Bürokraten-Imperium die Szene infiltriert. Jetzt muss jeder Cent nachvollziehbar war und steuerlich verwertbar sein. Was also früher die Geste der Anerkennung war, ist nun ein Bürokraten-Albtraum.

Wie können wir aus einem einfachen „Danke" plötzlich eine steuerlich einwandfreie Zahlung machen, die auch noch der Finanzamt-Abteilung gefällt? Die Antwort: Bürokratie und Kontrollsucht. In einer Branche, die sowieso schon von Margen lebt, die so dünn sind wie die Rechnungspapiere in einem Restaurant, bedeutet das nur eines: Mehr Verwaltungsaufwand, weniger Trinkgeld und weniger Freude am Leben.

Die Gastronomie – Ein Ort des Genusses wird zur Verwaltungszentrale

Stellen wir uns vor: Du gehst in ein Restaurant. Du bekommst einen ausgezeichneten Service, wirst mit einem Lächeln bedient, das fast so freundlich ist wie der Kellner in deinem Lieblingsbeisl. Am Ende des Abends – und jetzt kommt der Spaß – gibst du ein kleines Trinkgeld. Doch statt eines freundlichen „Danke" blickt der Kellner in seine Kassensysteme und fragt: „Könnten Sie bitte Ihre Trinkgeld-ID Nummer angeben?"
Die Gastwirte mussten sich von charmanten Anbietern kulinarischer Köstlichkeiten zu sachverständigen Steuerexperten entwickeln. Nun sind sie nicht nur für die Auswahl des besten Rotweins verantwortlich, sondern auch für das Überprüfen der steuerrechtlichen Gültigkeit des Trinkgelds. Da staunt der Gast! Wo früher ein lockeres Gespräch beim Zahlen folgte, ist jetzt ein systematischer Zahlungsprozess – natürlich unter der ständigen Aufsicht des Finanzamts.

Die Hotelbranche – Hier wird Trinkgeld zur Eigenkapitalinvestition

Im Hotelgewerbe geht der Spaß noch weiter. Trinkgeld, das früher als einfache Anerkennung eines guten Service galt, wird nun zu einer strategischen Investition, die den Finanzprüfer eines Hotels beschäftigt. Wie gut ist dein Service? Na dann gibt's ein wenig Trinkgeld! Aber zuerst muss es korrekt in die Steuererklärung eingetragen werden.
Die Hotelbranche hat sich längst zur steuertechnischen Verwaltungseinheit entwickelt. „Einchecken" ist heute nicht nur ein erster Schritt ins Hotel, sondern auch ein erster Schritt in die Steuererklärung. Der Gast wird gebeten, eine detaillierte Angabe über alle zusätzlichen Leistungen zu machen. Vom „Guten Morgen" des Zimmermädchens bis zum Trinkgeld, das auf den Kopfkissen bereitliegt – alles wird nun kontrolliert.

Die Friseure – Wenn das Haar in der Suppe jetzt auch noch steuerpflichtig wird

Aber was ist mit den Friseuren? Sie haben es ohnehin schon schwer genug: Menschen, die sich nicht trauen, den eigenen Haarschnitt zu hinterfragen, die mit ein paar Haaren mehr oder weniger zur Arbeit gehen und trotzdem ein Trinkgeld erwarten? Oh ja, und nicht nur das. Friseure sind jetzt auch die neuen Verwaltungsmitarbeiter, die mit ihren Scheren nicht nur die Haare, sondern auch die steuerlichen Verhältnisse der Trinkgelder schneiden.
Friseure sind mittlerweile echte Multitasker: Sie schneiden die Haare, beraten zu Frisuren und stellen sicher, dass das Trinkgeld korrekt in die Steuererklärung übernommen wird. Denn ohne die nötige Steuer-ID geht da gar nichts. Statt eines „Perfekt geschnittenen Haarschnitts" kommt der Friseur nun mit der Frage: „Und wie wollen Sie das Trinkgeld angeben? Als Rabatt oder direkt als Sonderzahlung?"

Der Lieferdienst – Wenn das Trinkgeld bei der „letzten Meile" zur Steuererklärung wird

Die Lieferdienste, die ohnehin schon den Herausforderungen des Lebens entgegenarbeiten, erhalten jetzt eine neue Hürde: Sie müssen das Trinkgeld, das die Kunden so großzügig hinterlassen haben, vollständig dokumentieren. Auch hier: Kein „Danke" mehr, ohne dass die „Letzte Meile" zur Finanzbehörde führt.

Der Lieferfahrer fragt nicht mehr nach der Adresse – er fragt: „Wünschen Sie eine Rechnung für das Trinkgeld oder reicht der Beleg für die Steuererklärung?" Dabei wird das Trinkgeld zu einem bürokratischen Puzzle, das den Lieferdienst genauso viel Zeit kostet wie das Ausliefern des Essens selbst. Und der Gast? Er denkt sich: „Das ist alles, was ich für mein Trinkgeld bekomme?"

Taxiunternehmen – Der Fahrer als Finanzbeauftragter

Wer kennt es nicht? Ein netter Taxifahrer, der einen sicher und schnell ans Ziel bringt. Doch leider ist dieser gute Service nun nicht nur mehr eine Frage der Fahrt, sondern auch eine steuerrechtliche Herausforderung. Früher gab es ein „Danke" und vielleicht ein paar Euros mehr für den netten Fahrer. Heute ist der Taxifahrer auch als „Steuerbeauftragter auf Rädern" unterwegs.

Der Fahrer fragt nicht mehr: „Wo fahren wir hin?", sondern, „möchten Sie Ihre Fahrt bitte mit 10% Mehrwertsteuer und 8% Trinkgeld versteuern?"

Er ist nun der persönliche Steuerberater,
der dich nicht nur von A nach B bringt,
sondern dir auch noch erklärt,
wie du deine Reisekosten für
die Steuererklärung geltend machen kannst.

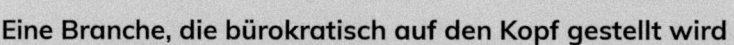

Eine Branche, die bürokratisch auf den Kopf gestellt wird

Die Gastrobranche – und viele andere Dienstleistungsberufe – sind nicht mehr nur für exzellenten Service zuständig. Sie sind jetzt auch für Steuererklärungen zuständig. Statt sich um den perfekten Service zu kümmern, müssen sie sich Gedanken darüber machen, wie viel Trinkgeld sie korrekt angeben können. Das Trinkgeld – ein einmal unverbindlicher Akt der Freundlichkeit – wird jetzt zur administrativen Aufgabe, die keiner haben wollte. Mehr Papierkram, mehr Stress, weniger „Danke".

KAPITEL 5

Betroffene Gruppen – Lehrlinge, Studierende, Teilzeitkräfte, Menschen mit Herz und Existenzängsten

Wenn der Alltag zur steuerpflichtigen Grauzone wird

Es gibt Menschen, die leben von Luft, Liebe – und Trinkgeld. Und genau diesen Menschen wird nun systematisch das Wasser abgedreht. Lehrlinge, Studierende, geringfügig Beschäftigte, Teilzeit-Helden der Dienstleistungsgesellschaft – alle sitzen im selben sinkenden Boot, dessen Rettungsring leider von der ÖGK als „steuerlich relevant" eingestuft wurde.

Während anderswo über Großkonzerne, Steuerschlupflöcher und Multimillionäre diskutiert wird, greift man sich lieber jene, die 1200 Euro brutto verdienen und beim Trinkgeld hoffen, dass es für die Monatskarte reicht. Na gut, das ist natürlich viel effizienter. Immerhin ist ein 2-Euro-Stück im Hosensack einer Kellnerin wesentlich gefährlicher für die Volkswirtschaft als die Panama Papers.

Lehrlinge – Willkommen im Beruf, hier ist Ihre Kontrollnummer

Lehrlinge sind jung, motiviert und nach einem 10-Stunden-Tag voller heißer Teller, grantiger Gäste und brodelnder Küchen, emotional ausgewrungen wie ein Geschirrtuch. Früher gab es am Abend ein kleines Trinkgeld, das die müden Beine ein bisschen leichter machte. Heute gibt's ein Formular. Oder besser gesagt: eine „Trinkgeld-Zusatzmeldung mit Hinweis auf Beitragsrecht".

Ein Lehrling in der Küche fragte letztens beim Personalgespräch:

„Wenn ich für ein Lächeln 50 Cent kriege, muss ich das versteuern?"

Antwort des Chefs: „Kommt drauf an, ob du dabei ein Dienstverhältnis eingegangen bist."

Man seufzt. Und rechnet: 5 Euro Trinkgeld minus Beitrag, minus Förderungsausfall, minus AMS-Anrechnung – ergibt: Eine unmotivierte Jugend, die bald lieber Influencer wird.

Studierende – Lernen, schuften, verzichten

Studierende sind die neuen tragischen Helden der Steuertrickkiste. Wer neben dem Studium kellnert, frisiert, Taxifährt oder Pizza ausliefert, weiß: Trinkgeld ist nicht Luxus, sondern Semestererhalt. Doch wehe, die Summe wird „zu auffällig". Dann droht die Aberkennung von Familienbeihilfe, Förderungen oder gar dem Studienplatz.

Ein Politologiestudent meinte:

„Ich hab 180 Euro Trinkgeld in einem Monat bekommen – das war's dann mit meiner Wohnbeihilfe. Hätte ich's lieber in der Schweiz angelegt."

Die Logik: Wer sich Mühe gibt, wird bestraft. Wer auf der Couch bleibt, bekommt Förderung. Willkommen im Österreich 4.0.

AMS-Kunden – Wenn Arbeiten zum Risiko wird

AMS-Bezieher, die geringfügig arbeiten dürfen (bitte ja nicht zu viel!) und sich mit Trinkgeld über Wasser halten, sind mittlerweile in einem echten Thriller gefangen: „Tatort: Kellnerbörse". Jeder Euro Trinkgeld kann zum Ausschlussgrund werden. Der Begriff „Hinzuverdienst" klingt freundlich, ist aber eine tickende Zeitbombe.

Ein Gastronom erzählt:

„Wir hatten eine ältere Dame auf geringfügiger Basis, sie war unsere Seele. Jetzt hat sie Angst, überhaupt Trinkgeld anzunehmen. Und das AMS meint, das sei Eigenverschulden."

Man fragt sich, ob Kafka als Ghostwriter für das AMS tätig ist.

Menschen mit Behinderung, in Reha, in „Maßnahmen"

Auch Menschen, die mit staatlicher Unterstützung ihren Weg zurück ins Berufsleben suchen, sind betroffen. Wer beim Sozialprojekt Kaffee serviert und dafür einen Euro bekommt, ist plötzlich Verdächtiger in einer steuerlichen Schattenwelt. Denn das ist „nicht exakt dokumentiert". Vielleicht ein Nebenjob im Dunkelgraubereich? Vielleicht einfach nur... Menschlichkeit?

Die Angst geht um: Man hilft, man lächelt, man bekommt einen kleinen Obolus – und plötzlich klingelt das Kontrollamt.

Familienmenschen, Alleinerzieher, Teilzeit-Überlebenskünstler

Wer ein Kind hat, eine halbe Stelle und ein Herz für Menschen, kommt im österreichischen System ohnehin oft zu kurz. Und wenn dann das kleine Extra-Trinkgeld auch noch in die Steuerkeule läuft, ist es endgültig vorbei mit der Motivation. Ein Kellner mit zwei Kindern erzählt:

„Wenn ich das Trinkgeld korrekt melde, verliere ich den Zuschuss. Wenn ich's nicht melde, kommt die Nachzahlung. Wenn ich gar nix mach, hab ich wenigstens meine Ruhe."

Was bleibt ist Wut, Resignation – und manchmal auch ein kleiner Lacher. Denn: Mehr kann man sich eh nicht leisten.

Wer wenig hat, soll gefälligst noch was abdrücken

Während „oben" mit Millionen jongliert wird, wird „unten" nach dem 1-Euro-Trinkgeld gesucht. Die Sozialschraube dreht sich munter weiter – leider nicht nach unten, sondern nach innen: Ins Herz der Menschen, die eigentlich nichts anderes wollten als ein Leben in Würde und mit einem kleinen „Danke" am Ende des Tages.

KAPITEL 6

Wirtschaftliche Auswirkungen – oder: Wie man mit 3 Euro die Weltwirtschaft zerstört

Wenn jeder Euro ein Fall für den Rechnungshof wird

Trinkgeld – für viele ein Symbol der Wertschätzung. Für das Finanzsystem offenbar eine ernsthafte Bedrohung. Denn was früher mit einem „Passt scho so" quittiert wurde, gilt heute als steuerliches Erdbeben mit Potenzial zur Weltkrise. Laut Bürokratie ist das Trinkgeld eine unsichere, nicht deklarierte und verdachtsbehaftete Bartransaktion – also quasi das Bargeldäquivalent eines Offshore-Kontos, nur halt mit Schürze und Kaffeetablett.
Und so wird die Wirtschaftsleistung der Republik plötzlich gefährdet – nicht etwa durch Milliardenverluste bei internationalen Konzernen, sondern durch die „unkontrollierte Spende" an die Kellnerin. Herzlich willkommen in der makroökonomischen Satire.

Die Trinkgeldblase – Spekulation auf Kaffeebasis

Die erste große Gefahr: Das Trinkgeldvolumen ist unüberschaubar. Laut hochspekulativen Hochrechnungen könnten in Österreich täglich mehrere Millionen Euro in Form von Münzen und Scheinen über Tresen, Tische und Taxibänke wandern – ganz ohne zentrale Erfassung. Ein Skandal!

Experten munkeln bereits von einer „Trinkgeldblase", die bei weiterer Missachtung das BIP verzerren könnte. Vielleicht brauchen wir bald eine eigene Notenbank für 2-Euro-Münzen mit Smiley-Stempel. Oder eine App namens „DankeGo", die jedes Trinkgeld sekundengenau an das Bundesrechenzentrum meldet.

Bürokratische Mehrwertschöpfung – Wenn Verwaltung das neue Geschäftsmodell ist

Die eigentlichen Gewinner der neuen Trinkgeld-Bekämpfung sind – wie so oft – nicht die Betriebe, nicht die Mitarbeitenden, sondern: Druckereien für Formulare, Anbieter von Kassensystemen, Steuerberater und natürlich – das Finanzministerium.

Die Verwaltung jedes Euros kostet mehr als der Euro selbst. Aber das ist egal. Schließlich geht es um Prinzipien. Um Ordnung. Um Kontrolle. Und da spielt der Preis keine Rolle, solange der Gast seine 50 Cent korrekt meldet.

Ein Kellner rechnet vor:

„Ich hab letztens 1,80 Euro gekriegt und musste 12 Minuten Belege ausfüllen. Das ergibt einen Stundenlohn von minus vier Euro. Effizienz nennen's des."

Das Gastgewerbe im Schwitzkasten

Durch die Angst vor der unkontrollierten Großzuwendung „Trinkgeld", geraten viele Betriebe wirtschaftlich ins Wanken. Es werden zusätzliche Arbeitskräfte für die Erfassung gebraucht, Umsätze sinken, Personal wird demotiviert.
Und die Gäste? Sie werden verunsichert.

Ein Wirt aus dem Burgenland:

„I bin net da, um Excel-Tabellen zu füttern. I bin da, um Bier auszuschenken. Aber scheinbar trink ma jetzt auch mit UID."

Wenn das Trinkgeld fällt, fällt nicht nur eine Geste.
Es fällt Motivation. Und mit ihr die Gastlichkeit.

Wer kontrolliert wird, verliert das Vertrauen – und damit auch die wirtschaftliche Grundlage.

Kleinvieh macht auch Mist – und kostet groß

Natürlich wird argumentiert: Es geht ja nur um Fairness. Jeder Euro zählt. Doch wer rechnet, merkt schnell: Der Verwaltungsaufwand übersteigt bei weitem die Einnahmen. Die Kontrolle frisst mehr Ressourcen als das Trinkgeld bringt. Das System kostet mehr als es schützt.

Und während für jeden Kellner geprüft wird, ob er eh keinen Fünfer zu viel hat, parken internationale Firmen weiter steuerfrei ihre Milliarden.

Die psychologische Wirtschaftslage

Nicht zu unterschätzen: Der psychologische Effekt. Menschen geben weniger, wenn sie das Gefühl haben, etwas Illegales zu tun. Gäste lassen das Trinkgeld lieber stecken, wenn es stressig wird. Mitarbeitende fühlen sich entwertet, wenn der Lohn vom „Dank" entkoppelt wird.

Eine Taxifahrerin bringt's auf den Punkt:

„Früher hab i mich über fünf Euro g'freut. Jetzt schau i skeptisch und denk: Reicht das für die Nachzahlung?"

Das Ergebnis: Weniger Trinkgeld. Weniger Wertschätzung. Weniger Mensch.

Drei Euro, die Österreichs Seele retten könnten

In einem Land, in dem so viele Euro durch so große Lücken rinnen, sollten wir uns gut überlegen, ob ausgerechnet die kleinste Geste – das Trinkgeld – zur Staatsaffäre werden muss. Es bringt Motivation, Freude, Menschlichkeit. Und – ja – auch Wirtschaftswachstum.

Denn eine zufriedene Bedienung, ein motivierter Friseur, ein freundlicher Fahrer – sie alle sind der Grund, warum Menschen zurückkommen, warum Betriebe laufen, warum das Leben funktioniert.

Trinkgeld rettet keine Weltwirtschaft – aber es rettet Würde. Und das ist mehr wert als jede Bilanz.

KAPITEL 7

Gesellschaftlicher Wert von Trinkgeld – oder: Warum ein Lächeln mehr bringt als eine Registrierkasse

Wenn Menschlichkeit zum Risikofaktor wird

Früher reichte ein ehrliches „Danke", ein freundlicher Blick und ein Schein unter der Tasse, um einen Tag zu retten. Heute braucht man dafür eine Schulung in Steuerrecht, ein unterschriebenes Formular und eine datenschutzkonforme Münzannahme. Was ist passiert?

In Österreich, dem Land des gepflegten Grantelns und des charmanten Servierens, hat sich die Welt weitergedreht – nur leider in die falsche Richtung. Die Frage, die uns beschäftigt: Was ist ein gutes Serviceerlebnis wert? Und warum glaubt der Staat, er müsse dafür eine Rechnung schreiben?

Die unsichtbare Währung: Anerkennung

Trinkgeld ist mehr als Geld. Es ist eine Form von gesellschaftlicher Kommunikation. Der Gast sagt damit: „Du hast das gut gemacht. Ich sehe dich." In einer Welt voller Anonymität, QR-Codes und kontaktloser Bezahlung ist das Trinkgeld oft das letzte echte Zeichen menschlicher Verbindung.

Der Staat jedoch fragt: **„Ist das eine Leistung? Ist das versteuerbar?"** Dabei vergisst man: Nicht alles, was zählt, lässt sich zählen. Und nicht alles, was gegeben wird, gehört erfasst.

Wenn Anerkennung zur steuerpflichtigen Handlung wird, bleibt am Ende nichts als der stille Verdacht: „Ich wollt nur nett sein, aber offenbar ist das strafbar."

Das Trinkgeld als soziales Schmiermittel

Trinkgeld ist das Öl im Getriebe der Dienstleistungsgesellschaft. Es hält die Maschine am Laufen, auch wenn der Motor stottert. Wer jemals mit zu wenig Personal eine ganze Terrasse bedient hat, weiß: Man lebt für das Lob – und das kleine Extra.
Ein Ober bringt's auf den Punkt:
„Das Trinkgeld gleicht nicht nur den Lohn aus – es macht den Job überhaupt erst erträglich."

Ohne Trinkgeld gäbe es:

- mehr Kündigungen,
- weniger Engagement,
- schlechtere Stimmung
  - kurz gesagt: einen Gastronomiezustand
    wie bei einem Beamtentreffen nach 22 Uhr.

Die „Schmähsteuer" – Wenn Charme zur Meldepflicht wird

In Österreich ist der Schmäh heilig. Er ist Teil des Service, des Flirts mit dem Gast, der Wiener Seele. Das Trinkgeld ist die Antwort darauf – eine Bestätigung: „Ja, du hast mich zum Lachen gebracht. Ja, du hast's drauf."
Doch was, wenn diese spontane Freude plötzlich registriert werden muss? Wenn der Schmäh zur steuerlichen Bemessungsgrundlage wird? Dann wird aus der Lebendigkeit ein Pflichttermin beim Steuerberater.

Vielleicht brauchen wir bald eine neue Steuerklasse: Die „Kategorie 5 – freundlich, aber meldepflichtig".

Wertschätzung als Grundwert

Eine Gesellschaft, die kleine Gesten systematisch entwertet, verliert langfristig ihre soziale Qualität. Wenn nur noch dokumentierte Zuwendung erlaubt ist, stirbt die Spontaneität. Und mit ihr das Gefühl, dass man wirklich gesehen wird.

Ein Gastwirt sagt:
„Ein Land, das die Freundlichkeit kontrolliert, wird nie ein beliebtes Reiseziel.“

Denn wer mit Misstrauen serviert, bekommt auch Misstrauen zurück. Der gesellschaftliche Wert von Trinkgeld liegt genau in dieser unbürokratischen Wärme. Es ist ein Mikrovertrag zwischen Menschen, nicht zwischen Datenbanken.

Zwischenmenschlichkeit ist nicht automatisierbar

In Zeiten von Chatbots, Self-Checkouts und Servicerobotern ist das Trinkgeld ein Überbleibsel echter Interaktion.

Es sagt: **Du bist nicht ersetzbar. Du bist Mensch. Du bist wichtig.**

Wenn der Staat diese Beziehung in ein Kontrollschema presst, verliert er nicht nur Geld – er verliert Vertrauen. Und ohne Vertrauen ist keine Gesellschaft lebenswert.

Ein Land, das „Danke" nicht versteuern will

Trinkgeld ist gelebte Demokratie. Jeder Gast stimmt ab – mit seiner Geldbörse. Und jede Bedienung weiß: Das ist ehrliches Feedback, unzensiert, unbestechlich, unverwaltet.

Wenn wir das Trinkgeld verlieren, verlieren wir nicht nur Geld. Wir verlieren eine Kulturform, ein Stück Seele und vielleicht auch den letzten Rest sozialen Zusammenhalts in einer Welt, die eh schon zu kalt geworden ist.

Also: Lasst uns das Trinkgeld feiern. Lasst uns den Schmäh leben. Und bitte – lasst uns einfach wieder „Danke" sagen dürfen, ohne dabei das Finanzamt zu rufen.

KAPITEL 8

Das Ausland – und warum uns andere auslachen

Wir kontrollieren, der Rest genießt

Während Österreich sich bemüht, jedem einzelnen Cent Trinkgeld ein Verhör aufzudrängen, blicken andere Länder entspannt auf diese charmante Geste – und lachen. Nicht böse, nein. Eher so ein warmherziges, kopfschüttelndes Lächeln à la: „Ach, diese Österreicher, die machen sogar aus einem Zwanziger einen Staatsakt."

Während bei uns Formulare, UID-Nummern und Rückforderungsfristen regieren, läuft es anderswo einfach... menschlicher.

Die USA – Das Mutterland des Zwangstrinkgelds

In Amerika ist Trinkgeld quasi vertraglich geregelt – nicht rechtlich, sondern gesellschaftlich. Wer dort ohne Tip geht, bekommt im besten Fall einen schiefen Blick, im schlechtesten Fall das Essen nochmal, diesmal aber über dem Kopf serviert.

Aber: Niemand kommt auf die Idee, diese Trinkgelder als illegale Schattenwirtschaft zu betrachten. Im Gegenteil. Dort steht's gleich auf der Rechnung: „Suggested Tip: 15%, 18%, 20% – choose your guilt level."

Und der Staat? Der sagt: „Naja, da kommt was zusammen. Lassen wir's halt fließen."

Italien – Dolce Vita mit bar auf die Hand

In bella Italia gibt's oft gar kein Trinkgeld. Weil der Servicepreis eh schon in der „coperto" steckt. Und wenn's doch mal was gibt? Dann freut sich der Kellner – und keiner schreibt es in die Bilanz. Warum? Weil man dort verstanden hat, dass ein Euro auf dem Espresso-Unterteller kein Staatsakt ist.

Ein Römer meinte: „Trinkgeld versteuern? Bei uns? Ma dai!" – sinngemäß: „Seid's ihr narrisch?"

Frankreich – Liberté, Egalité, Pourboire

In Frankreich zählt das Trinkgeld zur Etikette. Man gibt, was man möchte – und niemand führt Buch. Kein Kellner muss eine „Attestation de pourboire" ausstellen. Man lebt dort nach dem Prinzip: „Wenn du bedienst wie ein Mensch, wirst du auch wie ein Mensch belohnt."

Selbst die Bürokratie, die in Frankreich legendär sein kann, macht bei den paar Cent im Bistrot halt. Auch die Franzosen haben offenbar verstanden: Der soziale Friede beginnt beim Café Crème.

Deutschland – Ordnung muss sein, aber bitte mit Augenmaß

Die Deutschen lieben Ordnung, klar. Aber selbst dort gilt das Trinkgeld als Privatsache. Der Fiskus interessiert sich nur marginal für den Euro, der auf dem Bierzelt-Tisch liegen bleibt.

Ein deutscher Wirt sagte dazu: „Wenn wir anfangen, Trinkgeld zu erfassen, erfassen wir irgendwann auch Lächeln. Und das will keiner."

Die Schweiz – Neutralität auch beim Trinkgeld

IDie Eidgenossen sind zurückhaltend, aber höflich. Trinkgeld ist hier eher ein symbolischer Akt. Man rundet auf – und das reicht. Dass jemand das versteuert, wäre zwar theoretisch denkbar, aber praktisch: „ä bitzeli übertrieben."

Und wir in Österreich? Wir notieren den Kugelschreiber

In Österreich ist die Sache klar: Wer zwei Euro bekommt, muss sie melden. Wer sie nicht meldet, riskiert Kontrollen, Rückforderungen, moralische Empörung und einen Besuch vom Amt – wenn er Pech hat, sogar mit Kaffee.

Wir sind das einzige Land, in dem der Satz „Passt scho so" bald als „mündlicher Vertragsabschluss mit Barleistung" definiert wird.

Vielleicht sollten wir mal rausgehen

Was lernen wir von unseren Nachbarn?

- Trinkgeld ist Menschlichkeit, kein Steuerskandal.
- Vertrauen funktioniert.
- Bürokratie kann auch mal Pause machen.

Vielleicht sollten wir unseren Blick über die Grenzen richten. Nicht um zu kopieren – sondern um zu verstehen: Die Welt dreht sich weiter. Auch ohne Kontrollformular. Und manchmal reicht ein ehrliches Danke.

KAPITEL 9

Die rechtliche Grauzone – Wenn selbst Juristen nervös zucken

Wenn Paragraphen zu Schlangengruben werden

Das Österreichische Steuerrecht ist ein feines Gewebe – und wer versucht, sich darin zu orientieren, braucht entweder eine juristische Ausbildung, ein sehr ruhiges Gemüt oder einen starken Schnaps. Vor allem, wenn's ums Trinkgeld geht. Denn das liegt rechtlich irgendwo zwischen „eh erlaubt" und „vorsichtshalber nicht erwähnen".

Trinkgeld – eine freundliche Geste – gerät in den Mahlstrom des Steuerrechts. Ist es Einkommen? Ist es Schenkung? Ist es sozialversicherungspflichtig oder doch ein Einhorn mit Taschenrechner?

Der große Interpretationszirkus

In der Praxis heißt es oft: „Trinkgeld ist steuerfrei." Aber nur, wenn:

- es direkt vom Gast kommt
- es nicht über den Betrieb läuft
- es nicht auf der Rechnung steht
- es keine interne Verteilung gibt
- niemand dabei lächelt
- es regnet, aber nicht zu stark
- Merkur in Jungfrau steht

Juristen lieben diese Regelungen – weil sie dadurch unentbehrlich werden. Für den Rest der Welt bleibt nur Verwirrung.

Steuerfrei, aber bitte mit Formular B37/Trink+Menschlich

Das Finanzamt sagt: Trinkgeld ist steuerfrei – theoretisch.
Praktisch wird's geprüft, wenn:

- zu viele Leute was kriegen
- zu viel da ist
- es digital dokumentiert wird
- jemand mitdenkt

So wird aus „Steuerfreiheit" eine Art Vertrauenstest zwischen Betrieb und Behörde. Wer bestanden hat? Bisher niemand.

Die Sozialversicherung – Danke, aber bitte nachzahlen

Die ÖGK betrachtet Trinkgeld je nach Tagesform als:

- Einkommen
- freiwillige Zuwendung
- systemrelevanten Lohnbestandteil
- Anlass zur Beitragsprüfung
- Ausrede, um vorbeizuschauen

Betriebe erzählen, dass sie Rückforderungen bekommen – für Geld, das nie bei ihnen war. Die Logik: Wenn's dem Mitarbeiter gut geht, kann man ja was holen. Besonders von jenen, die wenig verdienen.

Ein Jurist sagt:
„Rechtlich ist das alles nicht eindeutig – aber wir verhalten uns so, als wär's klar. Und das ist das eigentliche Problem."

INTER-PRETATIONS-ZIRKUS

TRINK & DESTROY

- - -> nur wenn es direkt vom Gast kommt

- -> es nicht über den Betrieb läuft

-> es nicht auf der Rechnung steht

es keine interne Verteilung gibt

niemand dabei lächelt

es regnet nicht zu stark

Merkur in Jungfrau steht

??

Die berühmte Frage: Ist das schon Abgabenhinterziehung oder noch Anerkennung?

Was tun, wenn man 5 Euro vom Gast bekommt? Option A: Einstecken, freuen und weiter lächeln. Option B: Dokumentieren, melden und auf Rückmeldung warten. Option C: Einstecken, aber mit schlechtem Gewissen, falls irgendwann jemand fragt.

Willkommen in der Grauzone, in der selbst der ehrliche Kellner nicht mehr weiß, ob er gerade Teil eines Steuerbetrugs oder einer menschlichen Gesellschaft ist.

Die politische Verantwortungslosigkeit

Und was macht die Politik? Sie sagt: „Da müssen sich die Betriebe informieren." Oder: „Das ist eine Sache der Verwaltung." Oder: „Wir schauen uns das an."

Niemand sagt: „Wir klären das jetzt." Niemand sagt: „Trinkgeld ist heilig." Stattdessen gibt's Schweigen. Und im Hintergrund: Kontrollorgane mit Klemmbrett und Stirnlampe.

Zwischen Gesetz und gesundem Menschenverstand

Die rechtliche Grauzone beim Trinkgeld ist nicht das Problem. Sie ist das Symptom. Ein Symptom für ein System, das Vertrauen durch Kontrolle ersetzt. Für eine Gesellschaft, die zwischenmenschliche Geste in Paragraphen presst.

Was fehlt? Ein klarer Satz im Gesetz. Ein „Trinkgeld ist steuerfrei, Punkt." Bis dahin bleibt nur die Hoffnung – und ein bisschen Satire, zur seelischen Entlastung.

KAPITEL 10

Die Rolle der Politik – zwischen Stammtischsager und Legislatur-Lethargie

Wenn Verantwortung zum Parteiprogrammpunkt wird

(aber ganz weit unten)

Trinkgeld – das klingt nicht gerade nach Hochpolitik. Es klingt nach Alltag, nach Kellnerin, nach Friseur, nach Taxler. Und genau deshalb ist es für viele Politiker uninteressant. Denn wer sich öffentlich zu Trinkgeld bekennt, hat vermutlich keinen Lobbyverband im Rücken – höchstens einen Cappuccino in der Hand.

Dabei wäre es eigentlich ganz einfach: Ein klarer Satz im Gesetz. Eine schlüssige Haltung. Aber stattdessen erleben wir ein Schauspiel aus Schweigen, Schulterzucken und gelegentlichen Stammtischparolen.

Die Große Verdrängung – „Trinkgeld? Ist das nicht eh geregelt?"

Viele Mandatar wissen nicht einmal, dass das Thema heiß ist. Und wenn sie's wissen, versuchen sie elegant auszuweichen. „Ich glaub, das regelt eh die Finanz." Oder: „Da gibt's sicher ein Rundschreiben." Oder mein Favorit: „Da ist der Sozialpartner zuständig."

Die Strategie ist klar: Ablenken. Weiterreichen. Durchtauschen. Schließlich geht es ja nur um ein paar Münzen – und nicht um Umfragewerte.

Der Stammtischreflex – Wenn Parolen Politik ersetzen

Ab und zu gibt's doch Statements. Die klingen dann so:

- „Na wenn's ehrlich is, soll's halt versteuert werden."
- „Wer nix zu verbergen hat, braucht nix fürchten."
- „Die Zeiten von Barzahlung sind vorbei."

Allesamt Phrasen aus der Abteilung „Vorsicht, ich hab keine Ahnung, aber tu so". Und währenddessen rutscht das Thema weiter durch die Legislatur wie ein leerer Aschenbecher im Wirtshaus – jeder sieht ihn, keiner hebt ihn auf.

Die gesetzgeberische Siesta

Trotz der bekannten Problematik kommt von den Gesetzgebenden: nichts. Keine Reform, kein Entwurf, kein Versuch, Klarheit zu schaffen. Dabei wäre es ein Leichtes, folgendes festzuhalten:
„Trinkgeld, das freiwillig vom Gast gegeben wird, ist steuerfrei. Punkt."
Aber dazu müsste man:

- sich kümmern
- sich einlesen
- möglicherweise mit echten Menschen reden

Und das wäre dann doch zu viel verlangt.

Die Parteiprofile – wer schweigt, wer ignoriert, wer nickt

Schauen wir uns das an:

- Die einen verweisen auf die Kammer
- Die anderen verweisen auf die Verwaltung
- Wieder andere verweisen auf Gott

Nur wenige haben sich öffentlich positioniert. Und wenn, dann meist vorsichtig: „Wir schauen uns das an." Oder: „Es gibt da Gespräche." Oder ganz ehrlich: „Ich versteh's selber nicht ganz."

Ein Abgeordneter wurde gefragt, was er vom Thema halte. Seine Antwort:
„Ich geb immer großzügig Trinkgeld. Aber das privat."
Danke für nichts.

Hoffnungsträger und Einzelkämpfer

Es gibt sie die wenigen, die zuhören. Die verstehen, dass das Thema mehr ist, als ein Münzenproblem. Manche versuchen, parlamentarische Anfragen zu stellen, Gespräche zu führen, Öffentlichkeit zu erzeugen.

Aber sie kämpfen gegen Windmühlen – mit dem Gefühl, dass Menschlichkeit im Regierungsprogramm irgendwo zwischen „Diverses" und „Nächste Periode" steht.

Wenn die Politik nicht liefert, liefern wir

Die Rolle der Politik in der Trinkgeldfrage ist bisher unterirdisc Statt zu gestalten, wird geschwiegen. Statt zu ordnen, wi verwaltet. Statt zu schützen, wird geprüft.

Doch aus diesem Vakuum wächst etwas anderes: Zivilcourag Protest. Humor. Und vielleicht – vielleicht – auch Veränderung v unten.

Denn wenn die da oben nix machen, dann tun wir es eben selbst.

HOFFNUNGS-TRÄGER UND EINZELKÄMPFER

KAPITEL 11

Die WKO – Wirtschaftskammer oder Wirklich Keine Orientierung?

Die Stimme der Wirtschaft – oder ein stilles Nicken?

Die Wirtschaftskammer – jene Einrichtung, die offiziell die Interessen der Unternehmer vertritt. Theoretisch. Praktisch hingegen, steht sie bei der Trinkgeldfrage in einer Art Dauer-Meditation: tief versunken, atmend, beobachtend – aber bitte ohne plötzliche Bewegungen.

Dabei wäre gerade jetzt Bewegung gefragt. Denn es geht um Existenzen, ums Prinzip, um die Stimmung in der Branche. Und was macht die WKO? Sie reicht Infoblätter weiter. Und manchmal auch Verantwortung.

Die Broschüren-Bombe

Fragt man bei der WKO nach, erhält man ein PDF. Inklusive:

- allgemeinen Hinweisen
- juristisch formulierten Vielleicht aussagen
- und dem legendären Satz: „Bitte wenden Sie sich an Ihre Steuerberatung."

Die Branche seufzt. Denn wer keine Zeit zum Lesen hat, der hat auch keine Zeit für PDF-Sudoku mit Paragraphen.

Die Vertretung, die nur manchmal vertritt

Die Gastronomie tobt, die Betriebe stöhnen, die Mitarbeiter zittern. Und die Kammer? Verweist auf den Dialog. Auf Arbeitskreise. Auf Gespräche mit Ministerien. Die Wahrheit ist: Viele in der WKO würden ja gerne – dürfen aber nicht laut werden. Und so entsteht das paradoxe Bild einer Interessenvertretung, die das Interesse vergessen hat.
Ein Wirt meint:
„Meine Kammervertretung sagt, sie versteht mich. Aber sie versteht sich nicht mit der ÖGK. Also hab ich wieder nix davon."

Die Kammer-Zwickmühle

Fairerweise: Die WKO steht selbst unter Druck. Zwischen Regierung, Verwaltung und Mitgliedschaft hat sie die undankbarste Rolle. Will sie Druck machen, heißt's: Unruhestifter. Hält sie sich raus, heißt's: Untätig.
Doch in einer Demokratie mit Sozialpartnerschaft ist Schweigen keine Option. Vor allem dann nicht, wenn die Basis längst laut geworden ist.

Wenn das Sprachrohr zu einem Flüstertütchen wird

Was fehlt, ist klare Haltung:

- Eine Ansage gegen Kontrollirrsinn
- Eine Linie pro Menschlichkeit
- Ein öffentliches Bekenntnis zum Trinkgeld als Kulturgut

Stattdessen: Presseaussendungen, in denen alles und nichts steht. Und Service-Hotlines, die selbst nicht mehr wissen, wie sie das erklären sollen.

Hoffnung in der Regionalität?

In einigen Bundesländern regt sich etwas. Regionale Funktionäre werden aktiv, geben Statements ab, bringen Anträge ein. Es sind die kleinen Lichter im Kammerdschungel. Und vielleicht beginnt hier die Wende – von unten nach oben.

Ein Funktionär aus der Steiermark sagt:
„Wir dürfen nicht zuschauen, wie unsere Leute untergehen, weil jemand das Wort ‚freiwillig' nicht versteht."

Kammer mit Haltung gesucht

Die WKO steht an einem Scheideweg. Entweder sie wird zur echten Vertretung der Menschen hinter den Theken, Stühlen und Kassen – oder sie bleibt das, was viele schon vermuten ein Verwaltungsapparat im Loop.

Doch es gibt Hoffnung. Und diese beginnt dort, wo jemand den Mund aufmacht. Für die, die nie gefragt wurden. Für jene, die nur ein bisschen Fairness wollen – und ein paar Münzen zum Leben.

KAPITEL 12

Die Medien – zwischen Schlagzeile und Schweigen im Servus-TV-Wald
Wenn das Mikro schweigt und die Kamera wegsieht

Das Trinkgeld eine explosive Mischung aus Alltag, Emotion, Politik und Bürokratie. Ein Stoff wie gemacht für Medienberichte, Titelzeilen, Brennpunkt-Sondersendungen. Und was passiert? Nichts. Ein kleines Feuilleton hier, ein zögerlicher Leserbrief dort – aber die große mediale Empörung? Fehlanzeige.

Woran liegt's? An der Komplexität des Themas? Am geringen Unterhaltungswert? Oder daran, dass echte Menschen mit echten Problemen einfach nicht so gut klickbar sind wie ein Promi mit peinlichem Zettel in der Hand?

Die große Schweige-Medienmaschinerie

Man stelle sich vor: Ein ganzer Berufsstand kämpft ums Überleben. Eine jahrhundertealte Geste wird kriminalisiert. Menschen werden kontrolliert, weil sie höflich waren. Und die Medien? Fragen lieber, ob Kim Kardashian schon in Wien war. Das Trinkgeld ist Opfer einer Aufmerksamkeitsökonomie, in der alles, was nicht in 140 Zeichen passt, gnadenlos untergeht. Und das ist schade – weil hier echtes Drama liegt. Tragödie. Komödie. Bürokratie!

Wenn berichtet wird – dann falsch

Kommt doch einmal ein Bericht, dann oft mit Headlines wie:

- „Gastronomie trickst mit Trinkgeld"
- „Steuerfreie Millionen durch Bedienungsgeld"
- „Warum das Trinkgeld der nächste Finanzskandal ist"

Da wird der Friseur zum Finanzhai gemacht und der Kellner zur Geldwäschezentrale. Der Gast liest's, ist verunsichert – und gibt nichts mehr.

Die Talkshow-Lücke

Warum gibt's noch keine große TV-Diskussion zum Thema?

- Eine Runde bei Armin Wolf: „Trinkgeld – Segen oder Steuerfluch?"
- Ein Bürgerforum: „Meine 2 Euro und ich"
- Oder wenigstens ein Dramatischer Zweiteiler: „Der Ober und der Fiskus"

Aber nichts davon. Wahrscheinlich zu real. Zu ehrlich. Zu nahe am Menschen.

Regionale Lichtblicke

Ein paar Lokalredaktionen haben das Thema aufgegriffen. Mit echten Geschichten. Echten Gesichtern. Echten Konsequenzen. Und siehe da: Leserbriefe, Zuspruch und Diskussionen.
Es zeigt sich: Wenn man das Thema emotional und konkret bringt, berührt es. Weil es nicht um Geld geht – sondern um Gerechtigkeit.

Die Macht der Medien – ungenutzt

Dabei könnten die Medien der Hebel sein. Sie könnten Druck machen. Wachrütteln. Fragen stellen. Die Stillen hörbar machen.
Aber sie schweigen. Und das ist fast das Lauteste, was sie tun.

Zeit für eine ordentliche Schlagzeile

Vielleicht wird's Zeit, dass wir die Geschichte selbst schreiben. Mit echten Stimmen. Echten Geschichten. Und einem Schmäh, der lauter ist als jedes Schweigen.

Zeit für eine orendtliche Schlagzeile

„Trinkgeld rettet Existenzen" – das wär doch mal was.

Oder... „Bürokratie frisst Menschlichkeitt."

Oder ganz einfach: „Danke – das darf man doch noch sagen, oder?

KAPITEL 13

Die stille Angst – Kontrolle, Meldepflicht, Verunsicherung

Wenn Dankbarkeit zum Risiko wird

Was passiert, wenn man Menschen das Gefühl gibt, sie würden etwas Illegales tun, wenn sie nur freundlich sind? Genau das geschieht aktuell in Österreich – Tag für Tag. Die stille Angst ist längst eingezogen in Lokale, Salons und Stiegenhäuser dieses Landes. Sie kommt leise, aber bleibt hartnäckig. Sie heißt: Kontrolle. Meldepflicht. Unsicherheit.

Trinkgeld, diese kleinste Form zwischenmenschlicher Anerkennung, wird nun zur Grauzone. Wer gibt, wird unsicher. Wer bekommt, wird nervös. Wer vermittelt, muss erklären. Und über allem schwebt die Frage: "Darf ich das noch?"

Die Angst vorm Amt

Ein Blick auf die Kellnerin, die vom Finanzamt Post bekommt – weil ihr ein Gast 20 Euro zugesteckt hat. Keine Quittung. Kein Beleg. Nur ein Lächeln und ein leiser Dank. Nun droht Nachzahlung. Vielleicht sogar ein Verfahren.
Das Resultat? Misstrauen. Niemand will mehr auffallen. Niemand will mehr nehmen. Und irgendwann – will niemand mehr geben.

Der stille Rückzug

In vielen Betrieben wird das Thema Trinkgeld nicht mehr besprochen. Es wird ignoriert. Tabuisiert. Mitarbeiter wissen nicht, was sie dürfen. Chefs wissen nicht, was sie sagen sollen. Gäste spüren die Verunsicherung – und lassen's gleich ganz.
Was übrig bleibt: ein unangenehmes Schweigen. Die berühmte "Vermeidungsstrategie der gelebten Hilflosigkeit".

Wenn Kontrolle zur Selbstzensur wird

Die Angst vor der Kontrolle verändert den Arbeitsalltag. Mitarbeiter:innen lachen weniger. Sie sprechen weniger. Sie machen Dienst nach Vorschrift. Denn wer auffällt, wer Extra-Mile geht, der bekommt vielleicht... ein Problem.
Und so stirbt das, was die Dienstleistungsbranche groß gemacht hat: Charme. Herzlichkeit. Schmäh.

Die wirtschaftliche Panikspirale

Betriebe, die Trinkgeld nicht exakt dokumentieren können, fürchten Rückforderungen. Förderstopps. AMS-Sanktionen. Das führt zu:

- internen Listen
- Excel-Sheets
- halblegalen Auszahlungsmodellen
- oder: völliger Kapitulation

Der wirtschaftliche Schaden? Nicht exakt messbar – aber täglich spürbar.

Die große Entfremdung

Was früher Verbindung war, ist heute Abstand. Was früher Vertrauen war, ist heute Unsicherheit. Die stille Angst frisst sich in die Beziehung zwischen Gast und Personal, zwischen Arbeitgeber und Mitarbeiter, zwischen Mensch und Mensch.

Und das alles wegen eines Fünfers auf einem Teller.

Wo Angst herrscht, stirbt die Freude

Die stille Angst ist gefährlicher als jede Steuer. Sie lähmt. Sie isoliert. Sie untergräbt das soziale Fundament einer Gesellschaft.

Wenn wir wollen, dass Menschen wieder gern arbeiten, dass Gäste wieder gern geben, dass Service wieder lebt – dann müssen wir diese Angst nehmen.

Nicht mit neuen Regeln. Sondern mit einer klaren Botschaft:

Freundlichkeit ist kein Verbrechen. Dankbarkeit ist kein Kontrollgrund. Menschlichkeit ist nicht meldepflichtig.

KAPITEL 14

Sepp Schellhorn – Der Gastronom, der einst kämpfte, und heute schweigt

Vom Herd auf die Regierungsbank – und zurück ins Schweigen

Sepp Schellhorn – einst der lauteste Fürsprecher der Gastronomie, wortgewandt, kämpferisch, mit Schürze und Schmäh. Ein Gastronom mit Meinung, der wusste, wie's in der Branche wirklich läuft. Der für Wirte sprach, für Kellner, für das echte Leben zwischen Kochtopf, Trinkgeld und täglichem Wahnsinn.

Und heute? Stille. Nicht einmal ein Tweet. Kein Interview. Kein offener Brief. Nur das Geräusch einer fallenden Gabel im leeren Gastraum der politischen Erinnerung.

Ein Schweigen, das zu laut ist

Sepp Schellhorn steht sinnbildlich fü[r]
viele, die einst laut waren und heute leis[e]
sind. Für den Wandel vom Aktivismu[s]
zur Anpassung. Für die Gefahr, das[s]
auch die Besten irgendwann müd[e]
werden.
Aber vielleicht ist es noch nicht zu spät.
Lieber Sepp, wenn du das liest:
Wir brauchen dich. Nicht als Politike[r]
Sondern als Mensch. Als Wirt. A[ls]
Stimme.

Der Aufstieg – Zwischen Panini-Presse und Parlamentsrede

Schellhorn war ein Hoffnungsträger. Einer, der wusste, dass man keine Formulare braucht, um Menschlichkeit zu leben. Seine Auftritte – pointiert, direkt, ehrlich. Sein Versprechen: Die Gastronomie bekommt endlich eine Stimme im Parlament.
Und er hatte recht: Für kurze Zeit war da ein Licht. Ein Kämpfer. Einer, der wusste, dass ein 5-Euro-Schein manchmal mehr bedeutet als eine Steuererleichterung auf betriebliche Thermomixgeräte.

Der Seitenwechsel – Von der Schürze zum Sakko

Aber die Politik ist ein anderer Herd. Dort wird langsam gekocht, mit viel Rauch und wenig Geschmack. Und irgendwann – so scheint's – hat Schellhorn den Löffel niedergelegt. Der direkte Draht zur Basis wurde zum PR-Kabel. Die Gaststube wich dem Sesselkreis.
Und die große Frage blieb: Warum schweigt er jetzt?

Das große Schweigen

Während seine ehemaligen Mitarbeiter um ihr Trinkgeld bangen, während Betriebe unter der Last der Kontrolle ächzen, ist von ihm nichts zu hören. Keine Verteidigung. Kein Einspruch. Keine satirische Rede, kein Aufschrei gegen die ÖGK.
Ein Kommentator schrieb:
„Sepp war einst unser Wirt mit Rückgrat. Jetzt wirkt er wie ein Politiker mit Bandwurmformulierung."
Hart? Vielleicht. Aber aus Enttäuschung geboren.

Was hätte sein können

Stell dir vor, er hätte das Thema aufgegriffen. Eine Kampagne gestartet. Die TV-Studios gestürmt. Vielleicht sogar ein Buch geschrieben: „Trinkgeld ist kein Verbrechen – Eine Ode an die Gastronomie".
Er hätte bewegen können. Wieder. Wie einst. Stattdessen: politischer Vorruhestand.

Hoffnung auf ein Comeback?

Vielleicht denkt er nach. Vielleicht plant er etwas. Vielleicht kommt noch was. Eine Rückkehr als Stimme der Branche. Als Mahner. Als Satiriker im Dienste der Menschlichkeit.

Denn wer einmal mit Leidenschaft für die Gastronomie gebrannt hat, wird dieses Feuer nicht los.

KAPITEL 15

Unternehmer zwischen Pflicht und Wahnsinn – wenn Gastfreundschaft zur Excel-Tabelle wird

Vom Gastraum ins Formularlabyrinth

Wer ein Lokal eröffnet, träumt vom Duft frischer Croissants, vom Lächeln der Gäste und vielleicht von einem Lokalaugenschein im Falstaff. Niemand denkt an Tabellen mit Trinkgeldabrechnungen, Sozialversicherungsprüfungen und Kontrollamtsbesuchen wegen einer losen Münze am Küchentresen.

Doch genau dort befinden sich viele Unternehmer heute: Zwischen Herzlichkeit und Haftungsangst. Zwischen Gastfreundschaft und gesetzlicher Grauzone. Zwischen Wahnsinn und Wirklichkeit.

Der Alltag im Dokumentenwahn

Es beginnt harmlos: Ein Gast lässt 2 Euro auf dem Tisch. Die Kellnerin freut sich, der Chef denkt: „Ist das jetzt ein steuerpflichtiger Vorgang?" Also wird notiert. Der Betrag kommt in eine Liste. Die Liste wandert in die Monatsmappe. Die Mappe wird eingescannt. Der Scan wird in einen Cloudordner verschoben. Der Steuerberater sagt: „Das reicht nicht."

Und schon ist der Wirt kein Gastgeber mehr – sondern Datensicherheitsbeauftragter im Nebenberuf.

Die Gastfreundschaft stirbt in Spalten

Früher war der Mensch das Zentrum:
Der Gast, der Mitarbeiter, das Miteinander.
Heute zählt:

- Wer hat wann wie viel bekommen?
- Wurde das schriftlich bestätigt?
- Gibt es eine Quittung?

Mancher Wirt erzählt:
„Ich kann dir heute genau sagen, wie viel Trinkgeld wir letzten Dienstag in der Frühschicht bekommen haben – aber frag mich bitte nicht mehr, wie's meinem Team geht."

Kontrolle statt Kultur

Die Unternehmer erleben einen Kontrollwahn sondergleichen. Da wird die Barkasse geprüft, der Geldbeutel der Kellner analysiert und die Funktionsweise von Trinkgeldboxen infrage gestellt.

Ein Kontrollorgan meinte:
„Wenn Gäste wiederholt Geld dalassen, ist das möglicherweise systematisch."
Na bravo! Systematische Freundlichkeit – das hat gerade noch gefehlt.

Angst vor dem nächsten Prüfer

Viele Wirte leben in der Dauerangst: Ein falscher Eintrag, ein vergessener Beleg, und schon droht Ärger. Statt in die Qualität des Essens zu investieren, fließt Geld in Rechtsberatung. Statt Motivation zu fördern, wird Compliance geschult.
Ein Gastronom aus Tirol meint:
„Ich hatte mal eine Vision vom eigenen Wirtshaus. Jetzt hab ich drei Excel-Dateien und Migräne."

Trotzdem weitermachen – weil's eben mehr ist als nur Arbeit

Und trotzdem machen sie weiter. Die Unternehmer, die wissen, dass Gastronomie mehr ist als Bürokratie. Die aufstehen, obwohl sie müde sind. Die durchhalten, obwohl das System sie zermürbt. Weil sie's lieben. Weil sie's können. Und weil jeder Gast, der „danke" sagt, ein kleines Stück Hoffnung ist.

DIE GASTFREUNDSCHAFT STIRBT IN SPALTEN

Zeit für einen Systemwechsel

Es braucht keine neue Liste. Keine neue Kontrolle. Es braucht Vertrauen. Wertschätzung. Und den Mut, zu sagen:
„Ein gutes Lokal erkennt man nicht am Kassenbeleg – sondern am Lächeln des Teams."
Vielleicht sollten wir die Excel-Tabellen mal beiseite legen. Und einfach wieder Wirt sein dürfen.

KAPITEL 16

Dos and Don'ts – Ein satirischer Leitfaden für alle Beteiligten

Wer nichts weiß, muss alles richtig machen

In einer Welt, in der ein Fünfer auf dem Tisch mehr Angst auslöst als eine Finanzprüfung, braucht es klare Regeln. Aber nicht irgendwelche – sondern einen satirischen Leitfaden für alle, die mit dem Thema Trinkgeld zu tun haben. Damit nicht jeder Blickkontakt mit einem Gast zur potenziellen Abgabenfalle wird.

Do's and Don'ts

Ein satirischer Leitfaden

 für Gäste

 für das Personal

 für Unternehmer

 für die Politik

für die Kontrolleure

Für Gäste – die gebenden Engel

Do:

- Gib mit Herz. Auch wenn du das Gefühl hast, du brauchst bald einen Steuerberater für dein Danke.
- Sag „Passt scho so" – und beobachte, wie das Personal gleichzeitig lächelt und leicht zuckt.

Don't:

- Leg das Trinkgeld unter die Serviette. Das ist verdächtig. Besser: Leg's sichtbar, aber mit einer Steuer-ID.
- Frag: „Ist das eh steuerfrei?" – Damit bringst du den ganzen Raum in Schockstarre.

Für das Personal – die empfangenden Helden

Do:

- Freu dich! Ein echtes Lächeln kann nicht kontrolliert werden (noch nicht).
- Wenn du kontrolliert wirst, einfach freundlich sagen: „Das war emotionale Anerkennung. Kein geldwerter Vorteil."

Don't:

- Steck's ein, als wär's Schmuggelware. Du arbeitest nicht bei der Mafia.
- Frag nicht nach: „Können Sie mir das quittieren?" – Es sei denn, du willst den letzten Funken Menschlichkeit ruinieren.

Für Unternehmer – die jonglierenden Gastgeber

Do:

- Schütze dein Team. Rede offen über die Absurditäten und kämpf für Klarheit.
- Halte durch. Nichts ist stärker als ein Betrieb mit Haltung (außer vielleicht eine Finanzstrafe).

Don't:

- Tu so, als sei alles in Ordnung. Deine Excel-Tabelle weiß es besser.
- Verwechsle Menschlichkeit mit Haftungsrisiko.

Für die Politik – die ferngesteuerten Beobachter

Do:

- Frag mal in einem Lokal nach, wie's läuft. Du wirst mehr lernen als in einem Ausschuss.
- Schreib ein Gesetz, das drei Sätze hat. Kein Mensch hat Zeit für Seite 47 der Durchführungsverordnung.

Don't:

- Tu so, als sei das Thema unwichtig. Für viele ist es existenziell.
- Mach keine Versprechungen, wenn du nicht mal weißt, wie viel ein Kaffee kostet.

Für die Kontrolleure – die Wächter der Ordnung

Do:

- Sieh das Menschliche. Trinkgeld ist kein Schwarzgeld, sondern ein kleines Dankeschön.
- Trink einen Espresso, bevor du kontrollierst. Dann siehst du klarer.

Don't:

- Stell Fangfragen. Niemand gibt gerne ehrlich Auskunft über ein Lächeln.
- Nimm das Leben zu ernst. Das macht Falten – auch auf dem Prüfbericht.

Lachen ist erlaubt. Menschlich sein auch.

Dieser Leitfaden ersetzt keine Gesetzgebung, keine Verordnung, keinen Steuerkommentar. Aber er ersetzt vielleicht eines: die Angst.
Denn bei allem Ernst gilt:
Wer mit einem Lächeln gibt, verdient kein Formular.

KAPITEL 17

Ein Vorschlag zur Güte – Die Vision für eine faire Regelung

Es geht auch anders – wenn man nur will

Statt Kontrolle, Misstrauen und Formularwahn braucht es eines - eine Lösung. Eine Regelung, die menschlich, praktikabel und fair ist. Eine Vision, wie man das Trinkgeld wieder dorthin bringt, wo es hingehört – ins Herz der Wertschätzung. Ohne Angst. Ohne Excel. Ohne Klemmbrett.

Die Vision ist klar - jetzt fehlt nur der Mut

Wer will, findet Wege. Wer nicht will, findet Ausreden. Dieser Bericht zeigt, dass es geht. Dass es Lösungen gibt. Und dass es Menschen gibt, die bereit sind dafür zu kämpfen. Wir brauchen keine Kontrolleure, sondern Brückenbauer. Keine Prüfer, sondern Partner. Keine Angst sondern Anerkennung.

Das ist unsere Vision. Und wir laden alle ein, sie mitzutragen.

Der Grundsatz: Trinkgeld ist ein Geschenk – keine Einnahme

Es wird Zeit, das Trinkgeld rechtlich eindeutig zu definieren:

- Es ist eine freiwillige Zuwendung von Gast zu Personal.
- Es gehört nicht dem Unternehmen, sondern dem Menschen.
- Es ist steuer- und abgabenfrei, solange es nicht über das Kassensystem läuft.

Ein Satz im Einkommensteuergesetz würde reichen. Und ein weiterer in der Sozialversicherung. Fertig.

Der Praxischeck: So funktioniert's im Alltag

- Mitarbeiter dürfen Trinkgeld annehmen – ohne Meldepflicht.
- Unternehmen haften nicht für Trinkgelder, die nicht über sie abgewickelt werden.
- Wird Trinkgeld elektronisch gezahlt, so soll es automatisch weitergeleitet und dokumentiert, aber nicht abgabenpflichtig sein.

Schutz statt Strafe

- Die ÖGK soll nicht mehr kontrollieren, ob jemand 3 Euro zu viel bekommen hat.
- Stattdessen soll sie aufklären, begleiten, informieren.
- Kontrolle nur, wenn systematischer Missbrauch vorliegt – nicht bei freundlicher Geste.

Die Lösung für Sonderfälle

- Lehrlinge, AMS-Kräfte, Teilzeitbeschäftigte sollen nicht ihre Beihilfen verlieren, weil sie ein paar Euro Trinkgeld bekommen haben.
- Geringfügigkeitsgrenzen müssen angepasst werden, damit Kleinstbeträge nicht existenzielle Konsequenzen haben.

Ein Anstoß für mehr Vertrauen

- Die Politik soll das Thema endlich ernst nehmen.
- Die Wirtschaftskammer soll nicht nur beraten, sondern klar Stellung beziehen.
- Die Finanz soll vereinfachen, nicht verkomplizieren.

Ein neues Kapitel für ein altes Thema

- Trinkgeld ist keine neue Erfindung. Aber die Bürokratie hat es geschafft, es zum Minenfeld zu machen. Höchste Zeit, das Gegenteil zu tun: Frieden stiften. Menschlichkeit fördern. Und endlich ein System schaffen, das versteht:
- Ein freiwilliges Danke darf keine gesetzliche Belastung sein.

KAPITEL 18

Trinkgeld als Kulturgut – Eine Liebeserklärung

Wenn ein kleiner Schein eine große Geschichte erzählt

Es gibt Dinge, die man nicht in Tabellen pressen kann. Nicht messen, nicht kategorisieren, nicht versteuern. Dinge, die im Zwischenmenschlichen entstehen. Spontan. Ehrlich. Warm. Das Trinkgeld ist genau so ein Ding. Es ist nicht nur eine Zuwendung – es ist eine Kulturform. Eine gelebte, gefühlte, gewachsene Praxis, die in Österreich tief verwurzelt ist.

Die Kunst des Gebens

Trinkgeld ist keine Zahlung. Es ist eine kleine Ehrung. Ein Akt der Anerkennung, der Wertschätzung, der zwischen den Zeilen spricht: „Das war schön. Danke, dass Sie sich bemüht haben."

In einer Zeit, in der viele nur noch durch Wischen am Bildschirm kommunizieren, ist das Trinkgeld ein Akt echter Nähe. Eine Geste mit Gewicht. Zwei Münzen, die sagen: „Du bist nicht egal."

Der Moment des Austauschs

Der Augenblick, in dem Trinkgeld gegeben wird, ist magisch. Ein kurzer Blickkontakt, ein Nicken, ein Lächeln. Keine Worte nötig. Kein Vertrag, kein Beleg. Einfach nur: Mensch zu Mensch.

In diesem Moment gibt der Gast mehr als Geld. Er gibt Respekt. Und die Empfängerin, der Empfänger? Sie empfangen nicht nur eine Münze, sondern Vertrauen. Es ist das Gegenteil von Kontrolle.

Trinkgeld als Teil der Identität

Österreich wäre nicht Österreich ohne Trinkgeld. Ohne das liebevolle „Passt scho". Ohne das diskrete Falten des Scheins unter der Rechnung. Ohne den Humor, der sagt: „Für's Lächeln – nicht für die Suppe."

Die Kultur des Trinkgeldes ist tief verankert in unserer Gastronomie, im Friseursalon, im Taxi, am Marktstand. Sie ist das, was unsere Dienstleistungen lebendig macht. Was dem Beruf Stolz verleiht. Und dem Alltag Glanz.

Ein Lächeln mehr – ein Formular weniger

Wenn wir Trinkgeld schützen, schützen wir mehr als eine Zahlung. Wir schützen eine Haltung. Eine Kultur, die auf Wertschätzung basiert. Auf Freiwilligkeit. Auf Menschlichkeit.

Wir sagen: Es muss Platz bleiben für das Spontane, das Ehrliche, das Nicht-Erfassbare. Für das Kleine, das Großes bewirkt.

Die Gefahr der Entzauberung

Wenn wir das Trinkgeld bürokratisieren, verlieren wir etwas. Nicht nur Zeit. Nicht nur Nerven. Sondern eine Praxis, die verbindet. Wir verwandeln das Persönliche in eine Zahl. Das Spontane in eine Vorschrift.

Und mit jeder Quittung stirbt ein Stück Wärme.

Die Liebeserklärung

Wenn wir das Trinkgeld bürokratisieren, verlieren wir etwas. Nicht nur Zeit. Nicht nur Nerven. Sondern eine Praxis, die verbindet. Wir verwandeln das Persönliche in eine Zahl. Das Spontane in eine Vorschrift.
Und mit jeder Quittung stirbt ein Stück Wärme.

KAPITEL 19

Die Zukunft des Trinkgelds – Digital, kontrolliert oder endlich verstanden?

Zwischen QR-Code und Kontrolle

Was bringt die Zukunft? Wird das Trinkgeld bald per Blockchain verwaltet? Oder müssen wir bald bei jeder Spende an die Kellnerin eine Push-Nachricht an die Finanz senden? Oder – und das wäre fast revolutionär – verstehen wir endlich, worum es wirklich geht?

Die Antwort liegt irgendwo zwischen Digitalisierung, Regulierung und Vernunft.

Die digitale Trinkgeld-App – Zukunft oder Witz?

Schon heute gibt es Apps, mit denen man Trinkgeld digital überweisen kann. Per QR-Code. Mit IBAN. Oder mit Emojis.

Das klingt modern, ist aber... unromantisch. Denn wer will beim Danke-Sagen wirklich sein Handy zücken und einen 2-Faktor-Code eingeben?

Außerdem: Jede digitale Zahlung ist potenziell kontrollierbar. Und das macht aus einer netten Geste eine dokumentierte Handlung. Willkommen in der Zukunft des Verdachts.

Das Szenario der totalen Kontrolle

Man stelle sich vor: Jeder Cent Trinkgeld wird automatisch gemeldet. Der Kellner bekommt einen Wochenbericht, das AMS ein Update, die Sozialversicherung ein Datenpaket.
Das Finanzamt versendet eine Push-Nachricht: „Achtung: Sie haben heute überdurchschnittlich viel Dankbarkeit erhalten."
Eine Dystopie? Vielleicht. Aber bei unserem bürokratischen Eifer nicht völlig unrealistisch.

Oder doch: Ein neuer Zugang?

Statt alles zu dokumentieren, könnten wir etwas ganz Neues tun: Vertrauen.
- Wir könnten Trinkgeld als das sehen, was es ist: freiwillig.
- Wir könnten einfache Richtlinien aufstellen, statt 100-seitige Broschüren.
- Wir könnten anerkennen, dass Menschlichkeit nicht messbar ist.

Bildung statt Bürokratie

Was wäre, wenn wir junge Menschen wieder lehren würden, was ein Handschlag wert ist? Wenn Service wieder geachtet würde? Wenn wir erklären, warum Trinkgeld Teil unserer Kultur ist – statt es zu kriminalisieren?

Das Beste aus beiden Welten

Vielleicht geht auch beides:
- Digital, aber freiwillig.
- Transparent, aber menschlich.
- Regelbar, aber nicht reglementiert.

Es braucht Innovation – aber mit Herz. Und ein System, das sagt: „Du darfst geben. Du darfst bekommen. Und du darfst dich freuen – ohne Angst."

KAPITEL 20

Der letzte Gast verlässt das Lokal – Ein satirischer Schlussakkord

Wenn der Vorhang fällt, aber die Rechnung noch offen ist

Der letzte Espresso ist serviert, die Kerzen flackern, die Stühle stehen schon auf den Tischen – Zeit für den Schlussakt. Und was für einen! Denn was mit einem kleinen Münzwurf begann, hat sich zu einem bürokratischen Drama entwickelt, das nicht einmal Kafka geträumt hätte. Willkommen zur letzten Runde dieses Stücks namens "Trinkgeld in Österreich – Eine Tragikomödie in 19 Akten".

Die Bühne ist leer, die Kassa summt

Die Gäste sind gegangen. Zurück bleibt der Wirt mit seinem Tagesabschluss, einem halbleeren Fläschchen Stroh-Rum und einem neuen Formular zur Trinkgeldmeldung. Während er den letzten Schein aus der Kaffeetasse fischt, fragt er sich: „War das jetzt eine illegale Schenkung oder einfach nur... nett?"

Ein letzter Blick aufs Servicepersonal

Auch sie sind müde. Nicht vom Laufen. Vom Denken. Vom Erklären. Vom Dokumentieren. Vom Rechtfertigen. Der letzte Blick geht nicht mehr zur Kasse – sondern zur Wand, wo einmal ein Zitat von Karl Kraus hing: „Satire ist die Waffe der Wehrlosen." Und plötzlich wirkt das sehr aktuell.

Die Behörden rollen das Formular nochmal auf

Im Amtszimmer flackert noch Licht. Ein letzter Sachbearbeiter schaut sich den Trinkgeldverlauf des Monats an und murmelt: „Da war was... nicht ganz plausibel."
Er schickt noch schnell ein Mail – Betreff: „Verdacht auf spontane Freundlichkeit ohne Quittung."

Das Publikum applaudiert – oder geht

Einige lachen. Andere schütteln den Kopf. Die einen sagen: "Endlich wird hingeschaut." Die anderen: "Was ist aus uns geworden?" Und irgendwo hinten im Saal steht einer auf und ruft:
„Ich hab nur 'nen Euro gegeben. Wirklich. Und der war für das Lächeln, nicht die Suppe!"

Der letzte Satz auf der Tafel

Am nächsten Morgen steht mit Kreide auf der Menütafel:
Tagesgericht: Dankbarkeit Beilage: Bürokratie nach Wiener Art Preis: Unbezahlbar – aber bitte quittieren.

Und dann... kommt doch noch jemand zurück

Der letzte Gast kehrt um. Er hat sein Trinkgeld vergessen. Schaut verlegen. Drückt dem Ober 2 Euro in die Hand.
„Für Sie. Weil Sie heute der einzige waren, der noch gelacht hat."
Der Ober lächelt. Steckt die Münzen ein. Und denkt sich:
„Ich sag jetzt besser nix."

Das Lokal ist leer – aber die Hoffnung bleibt

Denn so lange jemand gibt, weil er geben will. So lange jemand Danke sagt, ohne es zu müssen. So lange jemand lächelt, obwohl alles dagegen spricht...
... solange ist das Trinkgeld nicht verloren. Sondern lebendig.

ENDE

Danke, dass du durchgehalten hast. Jetzt bist du Teil dieser Geschichte. Und vielleicht – nur vielleicht – gibst du beim nächsten Kaffee ein bisschen mehr.
Nicht, weil du musst. Sondern weil du willst.

Tatjana
NICHT

Über die Autorin – oder: Warum ausgerechnet ich das schreibe

Tatjana Nicht – geboren am 11. März 1995, genau 30 Jahre jung und davon stolze 15 Jahre im Dauerbrennbereich namens österreichische Gastronomie. Während andere mit 15 noch ihre erste Schularbeit überstanden haben und vom Sommerjob im Freibad träumten, stand Tatjana schon mit Kaffeeschürze, Serviertablett und einem müden Lächeln im Frühstücksservice – und das in voller Frühschicht-Montur.

Sie kennt alles. Wirklich alles.

Hotels mit glitzernden Lobbys und schweißtreibenden Küchen. Cafés mit mehr Meinungen als Mehlspeisen.

Restaurants mit drei Hauben und 30 Beschwerden. Bars, in denen die Nachtschicht länger dauert als so mancher Studienabschluss.

Köchin. Kellnerin. Barkeeperin. Frühstücksfee. Abendkassa. Schichtleiterin. Managerin. Assistentin der Geschäftsführung.

Tatjana war schon alles – außer vielleicht Finanzministerin.

Aber keine Sorge, die Position braucht sie nicht, sie hat nämlich Augen im Kopf und Hirn im Dienstplan. Sie hat gesehen, wie sich Menschen den Rücken krumm schuften und dann von der ÖGK gefragt werden, ob das „Danke" eh sachlich gerechtfertigt war.

Sie hat erlebt, wie aus einem „Kleinen Braunen" ein großer Verwaltungsakt wurde. Und sie weiß, dass man in der Gastronomie heute nicht mehr aufsteigt – man hält sich fest, damit man nicht fällt.

„Ich liebe Gastronomie", sagt Tatjana, „aber sie liebt uns nicht zurück. Zumindest nicht, wenn's so weitergeht."

Sie hat gesehen, wie Kolleg:innen strahlen, wenn ein Gast ein Danke hinterlässt – und wie dieselben Kolleg:innen später zittern, weil dieses Danke plötzlich zu einer Meldung bei der ÖGK wird. Sie hat miterlebt, wie sich Wertschätzung in Misstrauen verwandelt, und wie sich Menschen mit Rückgrat verbiegen müssen, um zwischen Paragrafen zu überleben.

„Ich liebe das, was Gastronomie einmal war. Und ich kämpfe dafür, dass davon etwas bleibt." Denn wenn niemand spricht, bleibt alles beim Alten. Und in der Gastronomie heißt „alles beim Alten" oft: zu viel schuften, zu wenig Schutz, und bitte das Lächeln nicht vergessen. Deshalb schreibt sie. Direkt. Satirisch. Mit Schmäh, aber nicht zum Spaß. Sondern weil's ernst ist. Und weil es Zeit ist.

Sie schreibt für die, die gerade die Kaffeemaschine reinigen. Für die, die schon wieder eine neue Verordnung ausdrucken mussten. Für die, die sich fragen, ob ihr Job überhaupt noch gewürdigt wird.

Denn Gastfreundschaft ist mehr als ein Beruf.
Es ist Haltung.
Und Haltung verdient Respekt, kein Prüfformular.

Vielleicht beginnt hier etwas. Zwischen den Zeilen. Zwischen Espresso und Epilog.

DANKSAGUNG

- Alle Kellner, die trotz Kontrollwahns noch lächeln können – Ihr seid wahre Helden des Alltags. Eure Courage zwischen Cappuccino und Kassenbeleg ist legendär.

- Alle Unternehmer, die zwischen Gastfreundschaft und Formularflut noch Zeit für ein echtes Gespräch haben – ihr seid der Beweis, dass Menschlichkeit nicht bilanzpflichtig ist.

- Alle Gäste, die Trinkgeld geben, obwohl sie beim Zahlen schon an die Steuer denken müssen – ihr habt's verstanden.

- Die ÖGK, die das Trinkgeld entdeckt hat wie Kolumbus Amerika – unbeabsichtigt, aber mit Nachdruck.

- Alle Politiker, die sich noch nicht trauen, zu diesem Thema etwas zu sagen – wir danken euch für euer Schweigen. Es war... aufschlussreich.

- Die WKO, für ihre PDF-Broschüren – selten hat Bürokratie so stylish ausgesehen.

- Den unerschütterlichen Schmäh aller Beteiligten – denn ohne Humor wär das alles nicht zu ertragen.

Und zuletzt: Dir. Ja, genau dir.
Weil du das hier alles gelesen hast.
Weil du gelacht, geseufzt und vielleicht sogar genickt hast.

Das ist das schönste Trinkgeld, das wir uns wünschen können.